CREACION DE RIQUEZA

TU CAMINO HACIA LA

LIBERTAD FINANCIERA

CREACION DE RIQUEZA

INDICE

Un par de pasos para ayudarte a ser rico

Atrae la riqueza que mereces

Riqueza automática: Internet lo hace posible

Construyendo los pasos de seguridad financiera I

Construyendo los pasos de seguridad financiera II

Construyendo riqueza a través de empresas conjuntas

Mitos comunes de construcción de riqueza

¿Tienes alguna meta para construir riqueza?

Eliminar las barreras personales a la riqueza

Cómo un millonario maneja un dólar

Monitorear tus finanzas revela lecciones invaluables

Cálculo del ROI con precisión

Secretos de creación de riqueza científica - Diversificación

Secreto para la libertad financiera

¿Debes utilizar un corredor privado de gestión de patrimonio?

Las 5 leyes inquebrantables de la creación de riqueza en línea

El hábito automático de creación de riqueza

El camino hacia la verdadera riqueza

El umbral entre la creación y destrucción de riqueza

Los verdaderos determinantes de la creación de riqueza

Los dos ladrones más grandes en lo que respecta a la creación de riqueza

El último sistema de creación de riqueza

Creación de riqueza: una ventaja de la propiedad de vivienda

Soluciones de gestión patrimonial: abundan las opciones

Preguntándose por qué no se está haciendo rico rápidamente

Un par de pasos para ayudarte a ser rico

Sus estrategias avanzadas de planificación patrimonial no deberían consistir en que lo haga solo. La clave para avanzar en su riqueza es construir un equipo de asesores de calidad. El avance de su riqueza no puede ni debe hacerse por usted mismo. Muchas personas cometen el error de hacer todo por sí solas. Hacer todo usted mismo está bien, pero si desea aumentar su riqueza necesitará asesores. El dinero es un tema emocional para muchas personas. Cuando tienes dificultades en el manejo del mismo lo que cuenta es cómo usted y su equipo manejan este conflicto.

Primero debes contratar a una persona que

sea especialista en temas de contaduría. Este profesional no solo lo ayudara en aumentar su riqueza, sino que también le otorgara el panorama de saber en qué dirección fluye su dinero. De esta manera podrá estar al tanto de si sus gastos lo está ayudando o perjudicando. Hay muchas personas que equilibran sus propios talonarios de cheques, pero necesita una opinión externa. La cantidad de dinero que está ganando es irrelevante cuando se trata de contratar a un contable. Ya sea que gane 250,000 dólares al año o 25,000 dólares al año, aún debe tener su propio especialista en el tema. Una vez que tenga a su contador, ahora puede revisar sus finanzas mensuales. Verá qué buenos y malos hábitos de gasto tiene. Entonces puede trabajar para eliminar los malos hábitos de gasto y aumentar los buenos hábitos.

El próximo asesor que debe tener tiene que manejar a la perfección el rubro finanzas.

Contratar un buen asesor financiero es uno de los mejores movimientos que puede hacer. Él puede ayudarlo a planificar su jubilación y otras cosas.

A los asesores que ya tienes sumado, tendrás que complementarlo con un estratega fiscal. Realmente no importa si trabaja por cuenta propia, es dueño de su propio negocio o tiene un trabajo de 09:00 a 17:00 hs. Obtener un estratega de impuestos es esencial porque sus ojos se abrirán cuando vea la forma en que se grava el dinero para diferentes personas. También verá cómo se penaliza a las personas con impuestos más pesados al generar cierto tipo de ingresos.

Es importante destacar que todos los especialistas de los diferentes temas a tratar tienen que ser cuidadosamente elegidos. No solo contrate a un asesor que gane dinero con las comisiones. Desea un asesor que practique lo que predica y tenga éxito en ello. De esta manera él podrá ayudarlo a configurar muchas estrategias avanzadas de planificación patrimonial.

Atrae la riqueza que mereces

¿Es bueno cuando tienes grandes depósitos en el banco, muchas posesiones valiosas, abundancia de cualquier cosa de valor? Casi todo, la riqueza medida está en factores monetarios. Decimos que las personas son ricas cuando vemos sus grandes mansiones, diferentes autos, muchas joyas o ropa cara.

Evaluamos la riqueza por posesiones materiales, pero también es importante destacar la riqueza mental, espiritual, familiar. La riqueza tiene que ser el canal a la abundancia. La riqueza material puede ser heredada o creada. Algunas personas nacen ricas, otras necesitan construirla desde un inicio para alcanzarla. La riqueza engendra más riqueza si sabes cómo administrarla.

Entonces, cuanto más dinero tenga, más se hará rico. La riqueza ofrece muchas oportunidades y abre puertas que se pueden encontrar cerradas. Eleva tu posición social y te da poder. Poseer mucho dinero es el cielo aquí en la tierra. Puedes comprar lo que deseas, ir a donde quieras y tener lo que tu corazón desea. Cuando te das cuenta que tu dinero está trabajando por ti y esté comienza a reproducirse, siempre tienes que tener en claro que debes asesorarte no solo en tu educación financiera. Otros pilares serán de mucha ayuda; estos apoyos tienen que ver con lo relacionado a lo espiritualidad. La meditación, el yoga; son herramientas importantes para que sigas construyendo y fortaleciendo tu riqueza. Una vez que obtengas el resultado esperado, llegaras a **LA ABUNDANCIA ABSOLUTA.**

En algunos casos la riqueza puede afectar a las personas. Esto puede ocurrir por factores como la falta de educación financiera, ya que cuando de la nada se cuenta con un capital elevado (ya sea ganarse la lotería) y no se tiene las herramientas adecuadas para saber administrarlo, así como ese capital ingreso, de la misma manera se va. Incluso a determinadas personas el obtener un ingreso muy alto, les hizo llevar un nivel de vida tan costoso que fue insostenible en el tiempo. Es importante destacar que el dinero no te hará ser una persona egoísta, con anhelos de maldad. Él solo es un potenciador de tu esencia. Si eres una persona egoísta te hará más egoísta, si eres una persona tacaña, te hará más tacaña. En caso contrario, te hará más generoso y más caritativo con tu par.

¿Ahora dime, qué significa la riqueza para ti? La riqueza, como dijimos anteriormente, no se trata solo de la cantidad de dinero que tenemos, más bien, es más un estado mental. Algunas personas pasan toda su vida para tener una riqueza abundante y, sin embargo, tienen poco tiempo para disfrutarla. Es por eso que tienes que disfrutar lo que la vida y tú has conseguido. Tomate unos minutos al día para agradecer, para gratificarte con la naturaleza. Disfruta de tu familia, de tus amigos. Viniste a este mundo para ser feliz, así que no lo desperdicies.

Riqueza automática: Internet lo hace posible

Lograr la riqueza y la prosperidad es un sueño que casi todos tienen, pero pocos lo logran. ¿Por qué? La persona promedio está atrapada en una rutina con un trabajo que no le gusta y, en muchos casos, con una deuda abrumadora. Este ciclo es difícil de romper, pero muchas personas están rompiendo y logrando sus objetivos financieros a través de Internet. Internet ha hecho posible que millones de personas creen riqueza automática, y todavía hay espacio para ti, así que anímate y pon manos a la obra.

Crea riqueza con múltiples fuente de ingreso y no solo una

Con Internet, tienes la oportunidad de crear riqueza automática, no simplemente un ingreso. Puede crear varios negocios automáticos hasta que alcances la prosperidad, directamente desde la computadora de tu hogar. Internet crea el mejor paquete de riqueza porque es muy vasto en la cantidad de personas que lo usan.

Puedes elegir entre miles de ideas de negocios y también elegir un pequeño mercado para tu negocio. Sin embargo, un pequeño mercado en línea puede significar mucho dinero para ti porque puede contener miles o millones de clientes potenciales en todo el mundo. Internet te conecta con el mundo exterior y no te limita a aquellos que conducen o caminan más allá de tu tienda local. Es un apalancamiento muy potente y benefactor. Podrás tener múltiples fuentes de ingreso como lo veremos más adelante en este ebook. Puedes dominarlo, pero para ello tienes previamente que realizar un estudio de mercado sobre lo que quieres hacer con él. Que no te venza el miedo, el yo no puedo, esto no es para mí. Toma las riendas de tu vida y actúa, ya que si nunca te metiste al agua no sabrás la sensación hermosa que es que ésta recorra tu piel, pero ten presente que si te metes en el agua pero no sabes nadar te ahogaras. Por eso primero instruite en lo que hagas para luego actuar.

Negocios automatizados

Otra razón por la que es más factible lograr riqueza automática en línea es porque puedes tener un negocio automatizado. Automatizado significa que puede ejecutarse en piloto automático una vez que diseñes tu sitio web y pongas las cosas en movimiento. Puedes recibir pagos automatizados a través de formularios en línea. Puedes automatizar un e-zine (boletín electrónico) a tus clientes. Puede automatizar productos electrónicos por correo electrónico, como libros electrónicos (ebook) o materiales de capacitación. Hay varias formas de crear riqueza automatizada con un negocio en Internet.

Ya no esperes cheques de pago

Otra ventaja de un negocio en Internet es que puedes recibir pagos diarios a través de tu sitio web. Muchos propietarios de negocios en línea aceptan tarjetas de crédito o utilizan un procesador de pagos de terceros como PayPal o StormPay para aceptar pagos de sus clientes. A través de estos lugares, el dinero va directamente a tu cuenta. Esto te brindará un flujo de caja constante para tu negocio, de modo que puedes tener capital para tus ingresos, promociones comerciales e inventario.

Consejos para construir riqueza automática

* Usa tu tiempo libre en casa para navegar por Internet y encontrar oportunidades de negocios que te interesen.

* Únete a una persona o a varias que ya tienen éxito para que puedas aprender los conceptos básicos de los negocios en línea. Incluso si necesitas hacer una pequeña inversión, podría valer la pena.

* Elije un negocio adecuado para ti y programa horarios diarios para trabajar en él. La organización es uno de los eslabones fundamentales para un desarrollo adecuado de tu proyecto.

* Sigue construyendo hasta que hayas adquirido suficiente riqueza automática para dejar tu trabajo diario y embarcarte al nuevo mundo de ser tu propio jefe.

Sea cual sea el negocio de Internet que elijas, recuerda que se necesita paciencia y coherencia para construirlo. Lo mismo ocurre con cualquier otro tipo de negocio. Las principales diferencias son que puedes trabajar desde tu hogar mientras construyes tu Imperio. Comienza hoy con tu nuevo negocio en línea para pronto alcanzar tus sueños.

CREACION DE RIQUEZA

Construyendo los pasos de seguridad financiera I

A todos nos gustaría pensar en nosotros mismos disfrutando de las cosas buenas de la vida, sin tener que estresarnos por las finanzas y sin tener que preocuparnos por envejecer, por tener escases de dinero, por no ser reconocidos cuando estamos en este mundo y menos cuando partimos de él.

Pero si actualmente vives de sueldo en sueldo, sin poder salir adelante, sin contar con ahorros, ¿cómo puedes cambiar las cosas? ¿Dónde comienzas a interiorizarte y aprender sobre las finanzas?

Lo mejor que puedes hacer es sentarte,

respirar profundamente y contemplar las diferencias entre los que tienen y los que no tienen, entre los triunfadores y los que no lo son. ¿Qué hacen los exitosos y los ricos, que es diferente a tu forma de vida? ¿Cuáles son los principios que utilizan para crear riqueza? Primeramente debo decirte que la mentalidad es fundamental. Una mentalidad de abundancia traerá abundancia y una mentalidad de escases, traerá escases. Infórmate, edúcate, aplica los conceptos aprendidos y cambia el chip de escases en abundancia. Este primer gran paso te traerá la confianza que vos mismo necesitas para iniciarte en este hermoso camino de la libertad financiera.

Una vez que descubras los principios que han utilizado otros que han creado seguridad económica, parece que entonces el único paso que queda sería que intentes duplicar el proceso.

A continuación se incluye una lista de algunos de los principios de creación de riqueza. Estos conceptos han sido utilizados ampliamente por aquellos que ya han creado un enorme capital.

1. Usa el poder de interés compuesto / crecimiento

John D. Rockerfeller describió una vez el interés compuesto como la "Octava maravilla del mundo".

La capitalización también se conoce como Velocidad y tiempo porque cuanto más largo sea el tiempo, y cuanto mayor sea la tasa de crecimiento, mayores serán los efectos de la capitalización.

La capitalización funciona permitiendo que cualquier interés ganado se agregue a la inversión inicial, y luego el siguiente lote de interés se calcula sobre la suma de los dos, y así sucesivamente. Se devengan intereses sobre intereses. Esto da el efecto de aumentar exponencialmente el valor de una inversión.

Una de las maneras más fáciles de calcular cómo funciona el interés compuesto con diferentes tasas de rendimiento es familiarizarse con la Regla del 72. Esta regla establece que "El número de años que le tomará duplicar su dinero es 72 dividido por el interés (tasa de crecimiento).

Por lo tanto, si tienes $ 1.000.00 invertidos al 10% de interés, entonces el número de años que le tomará a tu dinero duplicarse a $ 2.000.000 es 7.2 (7 años y 2 meses).

72 dividido por 10 = 7.2

2. Utiliza el método probado y verdadero de invertir en bienes raíces residenciales.

Las estadísticas muestran que más del 98% de los millonarios del mundo han hecho su dinero a través de la propiedad.

Realmente no debería ser una sorpresa, porque todos necesitan un lugar para vivir, y generalmente al menos un tercio de la población está alquilando. La propiedad es una necesidad, por lo que nunca puede pasar de moda.

A medida que aumenta la población, también lo hace la necesidad de vivienda. Por lo tanto, las leyes de oferta y demanda asegurarán que los precios sigan subiendo.

Los bancos consideran que la propiedad es una de las inversiones más seguras y por eso le prestarán un alto porcentaje del valor. Esto lleva al siguiente principio.

3. Usar el dinero o el engranaje de otras personas es una herramienta utilizada ampliamente por los ricos.

¿Por qué es tan importante usar el dinero de otras personas? La razón es que es posible utilizar el "apalancamiento" para obtener un resultado mayor que el que podrías haber obtenido utilizando solo tus propias contribuciones. La palabra apalancamiento proviene de "palanca". Como se sabe, una pequeña cantidad de fuerza aplicada en un extremo de una palanca puede producir una fuerza mucho mayor que la que se ejerció inicialmente. Una palanca tiene el efecto de multiplicar el poder ejercido.

En el caso de la inversión, se conoce como apalancamiento cuando solo usas una pequeña porción de tu propio dinero, digamos un depósito del 10% en una casa de $ 300.000.00 y pides prestado (apalancamiento) el resto, en este caso el 90%. El crecimiento del capital del que te beneficias se calcula con los $ 300.000.00 completos, no solo con los $ 30.000.00 que contribuyó personalmente, lo que tiene el efecto de multiplicar tu ganancia de capital.

El apalancamiento te permite comprar una propiedad mucho más cara de lo que podrías si solo usaras tu propio dinero. Controlar los activos de mayor valor significa que el crecimiento compuesto tiene más en qué trabajar y, por lo tanto, tu patrimonio neto aumentará mucho más rápido. Este fenómeno te permite crear una cartera de inversiones más rápido de lo que de otra manera sería posible.

Construyendo los pasos de seguridad financiera II

1. Aprende a establecer objetivos

La mayoría de los empresarios e inversionistas exitosos y hechos a sí mismos han logrado su éxito al planear hacerlo.

Se han fijado objetivos para sí mismos y los han logrado. Invierten tiempo en leer y aprender sobre la creación de riqueza y están felices de aprender de los errores y experiencias de otras personas, así como de los suyos. Establecen objetivos y se dan cuenta de que estarán mucho mejor capacitados para alcanzarlos si se familiarizan con las formas en que otras personas actuaron y las cosas que otros han hecho para tener éxito. Las personas ricas crean riqueza utilizando cuidadosamente los ingresos que tienen disponibles para su mejor ventaja. Saben que trabajar más y más horas no es la forma de lograr la libertad financiera, sino que tienen que utilizar lo que tienen y hacerlo crecer.

Tener una meta te permite concentrar tus energías en idear formas de alcanzarla. Cuando alguien toma una decisión y comienza a enfocarse en lograr un objetivo específico (y aún mejor en un período específico de tiempo), la poderosa mente subconsciente se pone a trabajar y comienza a jugar con ideas y desarrollar estrategias de varias maneras para lograr la finalización exitosa de la meta.

Cuando te pones una meta, tanto tu

consciente como tu subconsciente comienzan a trabajar en ella y comienzan a desarrollar un plan de acción. Comenzaras a hacerte preguntas sobre lo que debes hacer para poder alcanzar tu objetivo. Muchos se encuentran con ideas sorprendentes y soluciones a problemas pero cuando aparecen los obstáculos, no saben cómo manejarlos impidiendo alcanzar tu objetivo. El subconsciente es una herramienta extremadamente poderosa. Cuanto más te recuerdes tu objetivo, más trabajará tu mente para que lo logres. Algunas personas encuentran respuestas que les llegan cuando están durmiendo.

¿Alguna vez has notado que no hay correlación entre ser rico y tener un alto coeficiente intelectual o un título universitario? Si lo hubiera, todos los doctores y graduados universitarios serían ricos, y como muestran las estadísticas, la mayoría de ellos terminan en la misma situación que el 95% de la población.

Establecer objetivos te ayuda a concentrar tu energía en el desarrollo de estrategias viables y a largo plazo te ayuda a ver el panorama general. Una vez que puedas ver el panorama general, puedes desarrollar pequeños objetivos secundarios. Los objetivos secundarios son objetivos pequeños y simples que se pueden seguir paso a paso. Cuando logres progresivamente tus objetivos secundarios, te acercaras cada vez más a tus objetivos principales. Las metas son simplemente planes para tener éxito. Se dice que si "No puedes planificar, entonces planeas fallar". Los objetivos te ayudan a mantenerte motivado. El logro progresivo de tus objetivos puede conducir a un maravilloso sentimiento de satisfacción.

2. Aprenda a presupuestar

Presupuestar no tiene que ser tedioso. Todo lo que necesitas hacer es tener información sobre tus finanzas, un plan para llevar a cabo y disciplina en él mismo:

¿Cuáles son tus ingresos? ¿Cuáles son sus gastos regulares? y luego asegúrate de que todos tus otros gastos sean inferiores a la cantidad restante. Esto te permitirá comenzar a ahorrar e invertir. Presupuestar te pone en control de tus finanzas.

3. Aprenda sobre inversiones, en particular sobre inversiones inmobiliarias

Aprende a investigar el mercado inmobiliario, para que puedas comprar propiedades que no solo te den un buen rendimiento de alquiler, sino que también te devuelvan el mejor crecimiento de capital posible. Lee libros de inversión, lee autobiografías de personas exitosas, habla con las personas que han logrado hacer lo que quieres hacer. Cuanto más aprendas, más fácil será reconocer una buena inversión.

Obtén información sobre los engranajes negativos, neutros y positivos, y como éste es una herramienta invaluable, que te permitirá construir una base de riqueza en un tiempo acelerado, en comparación a si solo invertiste tus propios dólares ganados con tanto esfuerzo.

Una vez que te hayas educado y comprendas este mercado, sabrás porque invertir en propiedades es una herramienta tan poderosa, además podrás emprender el

CREACION DE RIQUEZA

camino hacia la seguridad financiera.

Construyendo riqueza a través de empresas conjuntas

Casi todos los multimillonarios de hoy construyeron sus imperios en una empresa conjunta de algún tipo. En el pasado, las empresas conjuntas se construyeron sobre fusiones, amistades, redes y alianzas. Internet ha introducido unirse a empresas de riesgo que trabajan para unirse a editores web con productos que pueden vender.

Los principios fundamentales detrás de las empresas conjuntas tienen un sentido comercial sólido. A menudo es más barato pagarle a un sitio web rico en contenido, un porcentaje de las ventas, o una tarifa por el tráfico entrante, a cambio de la exposición.

La web trabaja para unir sitios ricos en contenido con pequeñas empresas. Pero, como todo, hay una manera correcta de formar una compañía, y una manera incorrecta.

Programas afiliados

Uno de los más populares son los programas de afiliación que se ejecutan a través de Commission Junction, Click Bank y el programa de cumplimiento de Amazon. Esto le permite al editor web elegir los productos que desea promocionar. A cambio, la pequeña empresa recibe una herramienta de "preventa" y un mayor tráfico.

Sin embargo, no todos los editores web son

iguales. Muchos no entienden los puntos más finos de la preventa. Creen que su único propósito es crear un "marcador de posición" en la web para que aparezca el anuncio.

Esto hace que sea frustrante para el propietario de una pequeña empresa que paga miles de clics pero realiza relativamente pocas ventas.

La mayoría de las empresas levantan la mano después de unos meses y gritan: "¿Hay algo mejor?"

La respuesta es simple: sí.

Hay miles de oportunidades de empresas conjuntas por ahí. Probablemente hay menos de una docena de legítimos. La mayoría de ellos, a un precio mucho más allá de lo que un profesional en el trabajo en casa puede pagar.

Esto obliga a los profesionales del hogar a hacer las cosas a la antigua usanza. Tomate el tiempo para navegar por la web. Si uno o dos sitios web ofrecieron un excelente ROI (retorno de la inversión) para su campaña PPC (Pay Per Click), visita el sitio web.

Si el sitio web incluye un foro, blogs, contenido nuevo, listas de correo, entonces la persona de la pequeña empresa encontró una mina de oro. Ponete en contacto con el editor web y pregúnteles si estarían interesados en una empresa conjunta.

Calidad

La libertad de navegar por el sitio web y buscar los mejores sitios de administración de contenido puede aumentar drásticamente tu ROI.

Algunos de los sitios de administración de contenido más grandes tienen sus propias tarifas publicitarias. Esto puede facilitarte la vida, pero hay maneras de ofrecer a los editores más valor.

Añadir valor

Una forma de agregar valor es preguntarle al editor si hay algo que pueda vender por ellos. Muchos editores web pueden crear fácilmente un libro. Agregarlo a su "paquete" puede mejorar tu deseo de ayudarlo a vender y darles más enlaces.

Éxito

El éxito de un programa de empresa conjunta está envuelto en el contrato. Si la empresa no requiere un contrato legal, considera utilizar un servicio como www.adbrite.com donde puedan trabajar juntos, utilizando la plataforma Adbrite para realizar un seguimiento de los datos y ayudar a generar riqueza.

CREACION DE RIQUEZA

Mitos comunes de construcción de riqueza

Hay algunos mitos comunes que impiden que el trabajo en los negocios e inversores locales logren el éxito. Estos mitos pueden tener un poderoso impacto psicológico en los propietarios de pequeñas empresas, impidiéndoles generar riqueza y evitando que alcancen su máximo potencial.

El dinero genera dinero

El relato de que necesitas nacer con dinero o de lo contrario nunca lo obtendrás es completamente un mito. Millonarios se hacen todos los días. La mayoría comienza sin nada y usan un programa que falló para miles de otros dueños de negocios. Bill Gates, Ophra y Martha Stewart, entre otros, comenzaron desde orígenes humildes. Una de las maneras de ampliar tu riqueza es impactar en millones de personas, porque cuando esto ocurra, esas millones de personas aceptaran lo que tengas para brindarle.

El dinero se gana a costa de los pobres

Si tienes miedo de ir por el anillo de bronce porque temes arruinar la vida de otra persona, entonces relájate. Tu libro de jugadas puede ser moral, ético y estar basado en valores antiguos, y te llevará a una riqueza incalculable. La forma más fácil de hacerte rico es, como se dijo anteriormente, crear valor en la vida de otras personas. Hay suficiente dinero para todos. Muchos programas de "trabajo en casa" lo demuestran. La empresa puede vender

10.000 programas. El hecho de que solo 100 personas hayan tenido éxito no significa que el programa haya sido una estafa. Los que no tienen éxito no creen que puedan. Recuerda que el éxito comienza en la mente. Debes creer que puedes tener éxito antes de tenerlo. Visualizar lo que quieres, incluso antes de poseerlo, será el motor que te impulse a seguir en el ruedo.

Debes sacrificar a la familia para construir riqueza es FALSO

Los ricos no trabajan tan duro como los trabajadores de las fábricas que dirigen las empresas que construyeron su riqueza.

Esta generación ha acuñado una nueva frase, "trabaja duro o trabaja de manera inteligente".

Hay una diferencia entre trabajar duro y trabajar de manera inteligente. Las personas exitosas aprenden a trabajar de manera inteligente. Aprenden a emular a las personas exitosas y las usan como modelos para evitar errores que otras personas cometen.

Puede ahorrar mucho tiempo, dinero, esfuerzo y algunos dolores de cabeza importantes al encontrar un mentor o contratar a un entrenador de vida / éxito.

Hacer que su negocio comience a funcionar requiere trabajo, pero puede elegir tener un negocio exitoso y una familia.

CREACION DE RIQUEZA

Los ricos no pueden vivir vidas normales

La mayoría de los millonarios de hoy viven en pueblos suburbanos y llevan vidas normales. El sueño de vivir la vida rica y famosa ha perdido su brillo. Más personas están aprendiendo que la fantasía de la riqueza era más atractiva que la realidad.

Sin embargo, puedes vivir la buena vida sin renunciar a una vida normal. No hay ninguna razón por la que no puedas tomarte unas vacaciones con tu familia en un campamento el fin de semana, y luego asistir a una conferencia con un traje y zapatos costosos y de excelente calidad durante la semana.

No dejes que el miedo a ser rico te impida alcanzar tus sueños.

CREACION DE RIQUEZA

La vida es dulce. Será lo que decidas hacer siempre y cuando recuerdes que nadie puede definir quién eres tú, a menos que le otorgues el poder.

CREACION DE RIQUEZA

¿Tienes alguna meta para construir riqueza?

El dinero está ahí afuera. No importa cuántas personas te digan que estamos en medio de una economía en crisis, que el mercado está haciendo esto o aquello, y que es demasiado arriesgado "jugar el juego", por así decirlo, la gente se enriquece todos los días. Esa es la realidad.

El truco, por supuesto, es convertirse en una de esas personas.

"Sí", se podría decir. "Ese tipo tuvo suerte. ¿Cuáles son las posibilidades de que eso me suceda? "Bueno, absolutamente cero si no haces nada para que tus sueños puedan crear riqueza. Caer en el cliche de la suerte, es subestimar a la persona que alcanzo el éxito. Deja de mirar los resultados ajenos y comienza a indagar cuales fueron los pasos que hizo esa persona para forjar su riqueza. Deja de ser el espectador critico para convertirte en el actor que actúa.

Hacerse rico no se trata de casualidad. La fortuna favorece a la mente preparada, debes sentar las bases para aprovechar la oportunidad cuando surja. Debes ser capaz de reconocer no solo esas oportunidades, sino también tener los recursos para aprovecharlas.

Sentar las bases implica tener un plan para tu futuro financiero, entonces ¿Cuál es tu plan para construir riqueza?

Si, como la mayoría de las personas, no tienes uno, entonces, nunca seras merecedor de la abundancia de dinero. Pero si reconoces que solo tu estas a cargo de tu vida, este será un asunto completamente diferente.

Según Robert Kiyosaki, autor de la serie de libros: "Padre rico, padre pobre", dice que debes controlar tu filosofía financiera. En su libro: "El Cuadrante del flujo del dinero", el autor describe las cuatro filosofías tal como fueron descritas para él por el hombre al que llama su "padre rico". En el lado izquierdo del cuadrante, están las E y las S: los empleados y los autónomos. La filosofía de la E se basa en la seguridad, mientras que la filosofía de la S se basa en hacer lo suyo. Si bien no hay nada de malo en ninguna de las dos filosofías, es probable que ninguna de ellas te ayude a construir mucha riqueza.

En el lado derecho del cuadrante de Kiyosaki, están las B y las I: los dueños de negocios y los inversores. La diferencia entre una B y una S, dice Kiyosaki, es que la B ha construido un sistema que puede manipular para ejecutarlo, liberándolo para otras actividades financieras o personales. Un S simplemente "posee un trabajo", como dice Kiyosaki, y es una parte tan integral de la operación que es esencialmente un prisionero. La compañía que ha creado es su "bebé". Pero todos sabemos lo exigentes que son los bebés, y si un negocio nunca se convierte en un adulto que pueda sobrevivir sin su maternidad, se comerá la mayor parte de tu tiempo.

El truco, entonces, no es construir un mejor producto. Es crear un producto mejor, de manera más eficiente con respecto a sus propios recursos. Construye un sistema, no un trabajo. Entonces tendrás el dinero y éste se encargará de tus necesidades personales y te permitirá invertir.

Si ya tiene un montón de dinero para trabajar, puedes seguir adelante y saltar directamente al cuadrante I, después de invertir en tu propia educación y aprender cómo funciona. Invertir es arriesgado si saltas a ciegas, pero si sabes lo que estás haciendo, es un asunto completamente diferente.

Así que forja las bases con educación y luego construye tu riqueza como si estuvieras construyendo una estructura. No escatimes en materiales, sino hazlo metódicamente. Eventualmente, te encontrarás mirando un impresionante edificio que te ayudará a resistir cualquier tormenta.

Eliminar las barreras personales a la riqueza

La riqueza es la condición de abundancia y riqueza profusa, que tiene un suministro abundante de bienes materiales, recursos y dinero. También podría definirse como propiedad de valor económico monetario.

En economía, la riqueza se define como el stock de capital físico, recursos humanos y patrimonio financiero neto que un país posee en el extranjero. El capital físico compone la propiedad de estructuras de edificios, máquinas, ferrocarriles y otros activos tangibles fijos. El capital humano, por otro lado, es la fuerza laboral de calidad con énfasis en el logro educativo, lo que contribuye a la productividad del país.

Mientras que el capital financiero neto se liquida desde el valor monetario de los activos adquiridos por los extranjeros en la economía local hasta la adquisición extranjera del país.

A menudo, la riqueza se asocia con dinero como ahorros, inversiones y otras formas de capital financiero.

Pero la palabra "riqueza" se toma de las antiguas palabras inglesas "weal" (bienestar) y "th" (condición), que cuando se combinan significa "condición de bienestar". "Económico", por otro lado, se origina de la palabra griega "oikonomia" que significa "gestión del hogar".

En una perspectiva diferente, algunas personas ven la riqueza como una revelación genuina de los valores verdaderos y explican lo que se considera importante para la vida como un reflejo de la imagen y el yo real.

Hoy, la sociedad se enfrenta al desafío de mantener una vida de calidad, lo que contribuye al equilibrio entre economía y calidad. Dicha perspectiva permite a un individuo evaluar los activos reales: fortaleza y oportunidades para mejorar el potencial real.

Una persona que intenta alinear valores y principios con la condición de bienestar cree que está buscando una riqueza genuina, todo lo que hace que la vida valga la pena (bienestar personal, profesional, espiritual, ambiental y financiero).

La gente define principalmente la riqueza auténtica en términos de relaciones armoniosas con los miembros de la familia, supervisores, compañeros de trabajo, compañeros, vecinos y conocidos. Algunos lo ven en la simplicidad y complejidad de las creaciones naturales. O podría medirse en términos de alegría, cohesión social y pensamientos e ideas abstractos no cuantificables.

Otra palabra relevante que puede relacionarse con la riqueza es el valor, que se deriva de la palabra latina "volorum", que significa "ser digno". A menudo, el valor connota expresiones monetarias como los costos, los precios y los rendimientos de las inversiones. Pero el verdadero valor (valorum) se encuentra en las cosas simples que hacen que valga la pena vivir. Es el valor de las relaciones, el valor de lo que uno posee y no anhela cosas que no están en su posesión.

CREACION DE RIQUEZA

Cómo un millonario maneja un dólar

Si no sabes cómo administrar un millón de dólares, te garantizo que el dinero desaparecerá rápidamente. Precisamente, al igual que el 90% de los ganadores de lotería que fracasan en cinco años, no tenían la disciplina básica ni la fórmula para manejar el dinero que habría creado una base financiera que duraría por generaciones. Aprende a administrar un solo dólar para que puedas pasar a las grandes ligas financieras por tu cuenta.

Dele a un millonario un dólar y harán algo predecible: mostrarán la disciplina para no gastarlo. Ese dólar se depositará en una cuenta de ahorros donde generará ingresos por intereses. ¡Un millonario no gasta ingresos ganados! Solo gastan los ingresos de sus inversiones. Un millonario cambia el dinero de un trabajo, pago de horas extras, bonos, etc., a cuentas de inversión. Cuando comiences, probablemente no tengas ninguna inversión, entonces, ¿cómo vas a pagar tus facturas? Rechaza el dicho: "Trata de ahorrar algo de dinero después de pagar las facturas cada mes". Esto rara vez sucede y puede ser muy poco para sumar demasiado. Ese dicho es psicológicamente al revés. El nuevo dicho con el que quiero que comiences a cambiar tu visión es: "págate primero a ti mismo y pon a trabajar esos ahorros para que con el interés compuesto puedas disfrutar de los resultados", el dinero tienen que trabajar para ti y de ninguna manera al revés. Cuando sepas dominar esto, notaras una diferencia enorme.

Hablemos de los bloques de construcción

financieros. Dale a un millonario un dólar y lo dividirá en los distintos bloques de construcción de una base financiera sólida. Diez centavos de ese dólar se asignarán a una cuenta de inversión permanente que nunca se gasta. Esta cuenta construye tu riqueza. Como he dicho antes: "La riqueza solo puede ser creada y mantenida por la cantidad de dinero que recibe y no gasta". Bueno, esta es esa cuenta, y necesita aumentarla en una parte de cada dólar que recibe. . Otros diez centavos se asignarán a una cuenta de ahorros. Esta es una cuenta de gasto retrasado para compras costosas como vacaciones, reparaciones del hogar o automóviles.

Los millonarios ahorran dinero para comprar algo antes de que lo compren, no después a crédito donde tiene que pagar intereses. Los siguientes diez centavos se asignan a la educación de riqueza. La economía siempre está cambiando y tu es en última instancia donde al principio tienes que dirigir todo tu dinero. La única forma de hacer esto sabiamente es aumentar tu conocimiento de inversión. Obten ideas de inversión pagando asesores, libros, cursos, boletines, revistas y periódicos. Las tres monedas que se asignaron para diferentes propósitos es la fórmula de riqueza de los millonarios; así es como se puede construir la riqueza para que dure por generaciones. Es solo después de que estos tres cubos obtienen su parte del dólar que parte de él se asigna a los impuestos sobre ese dólar. Ten en cuenta que un millonario le paga al recaudador de impuestos después de que los bloques de construcción importantes obtienen su parte.

No existe tal cosa como "ingresos antes de impuestos". Existe una obligación tributaria sobre todos los ingresos de cualquier fuente. Entonces, un millonario tendrá una estrategia de impuestos para recibir ese dólar antes de que sea depositado en el banco. Los millonarios no pagan en exceso sus impuestos, administran las obligaciones tributarias porque son su gasto más grande (agregue cuánto pagó por el impuesto sobre la renta al IRS, el estado, la ciudad y los impuestos a la propiedad; probablemente sea un número mucho mayor que tu esperas). Algunas formas de minimizar tus impuestos incluyen establecer un negocio a tiempo parcial para crear deducciones legítimas, comprar inversiones que ofrezcan depreciación como bienes raíces y petróleo, y encontrar el mejor CPA para asesorarlo.

La fórmula de administrar un dólar que siguen los millonarios es: minimizar las obligaciones tributarias, asignar partes de la misma para construir su base financiera, disminuir el porcentaje de ingresos ganados que gasta hasta que sea cero y forjar la disciplina para seguir constantemente esta rutina. Ahora, ¿a qué edad deseas haber aprendido este material? ¿A qué edad crees que deberías comenzar a exponer a tus hijos a estas ideas? La respuesta correcta es: lo antes posible.

CREACION DE RIQUEZA

Monitorear tus finanzas revela lecciones invaluables

El elemento más importante para construir riqueza es medirlo. Las personas que han aumentado continuamente su patrimonio neto lo siguen para dirigirlo y mantenerse motivados para alcanzar objetivos financieros cada vez más altos. Ver los resultados cuantificables de sus decisiones de gasto e inversión es el primer paso para tomar el control de ellos. Por el contrario, las personas que se que encuentran en la peor situación financiera, no tienen idea de dónde se gasta el dinero y tienen demasiado miedo de saber cuál podría ser su patrimonio neto ¿Qué extremo coincide más con tu actitud? "No se puede administrar lo que no se mide".

Piénsalo: si fueras muy rico, pasarías algún tiempo cada semana administrando algún aspecto del dinero. Bueno, si deseas mejorar tu situación financiera, se requiere una versión para principiantes de un método de gestión y seguimiento del dinero. Además, cuanto más dinero acumules, más activos financieros y obligaciones tendrás que controlar. Si no tienes tu seguimiento financiero establecido antes de adquirirlos, seguramente no los tendrá por mucho tiempo.

Si no ves ni sientes las ganancias y pérdidas de tus decisiones financieras, estás jugando el complicado juego de la vida sin ninguna tarjeta de puntuación. Así es como muchas personas con trabajos decentes y seguros decentes todavía se encuentran en problemas financieros. Debes tener puntos de referencia de navegación para saber si te diriges hacia la creación de riqueza o la destrucción de riqueza. Es monitoreando tu patrimonio neto que comenzarás a descubrir el impacto financiero y las consecuencias de tus decisiones.

El punto de partida para la medición financiera es una declaración simple del patrimonio neto (o balance general). Si nunca has escuchado este término, es una lista del precio de mercado actual de todo lo que posees y lo que le debes a los demás. La diferencia entre estos dos números se llama tu patrimonio neto, y este es el número que deseas medir y aumentar cada mes.

Al igual que con un negocio, una vez que comiences a medir las consecuencias financieras de tu comportamiento, puedes comenzar a hacer tus propias reglas de gastos personales. Por ejemplo, si la mayor parte de tu ingreso mensual se gasta en restaurantes, intenta establecer una regla que solo salga dos veces por semana. Si gastas demasiado dinero en gasolina, necesitas encontrar varias formas de reducirla. Las ideas simples y las reglas posteriores como estas ayudarán a aumentar tu patrimonio neto, lo que conducirán a ideas más grandes y se convertirá en mayores ganancias.

Si descubres que tienes una gran deuda que está disminuyendo tu patrimonio neto, o posiblemente tu patrimonio neto negativo, entonces ¿qué reglas sobre la deuda vas a crear para ti? Después de ahorrar dinero, ¿dónde lo vas a poner? ¿Cuánto tiempo estás dispuesto a pasar monitoreándolo? ¿Cuánto esfuerzo estás dispuesto a hacer para educarte sobre la inversión? Estas preguntas ayudarán a construir tus reglas de inversión. Eventualmente, tendrás reglas para gastar, ahorrar, emplear deudas e invertir, que darán forma a tu plan personal para que comiences a mover tu patrimonio neto en una dirección muy positiva. Piensa en agrega una regla que puede ser: leer un nuevo libro financiero cada mes, para ir educándote. Los primeros tiempos, realizar una tabla en Excel con los debes y haber puede resultar de gran ayuda para que puedas ver tus gastos y tus ingresos de una manera más concreta. De todos modos hoy la tecnología te muestra de forma más directa, a que puedas palpar esto, por medio de home banking. Ten presente que estos primeros pasos que vas a dar son fundamentales porque forjaran tu disciplina monetaria. Los gastos que de ahora en mas tendrás que hacer, tendrás que dividirlos en aquellos gastos que son imposibles de no realizar y dentro de ellos se encontraría la comida, determinados impuestos, entre otros. Por otro lado tienes los llamados gastos hormigas que son aquellas compras que uno va teniendo y que no considera que afectara a tu bolsilla, pero en la sumatorio de ellos si te das cuenta que pueden ser perjudiciales, y estos pueden ser: un mes entero comprándote un desayuno en algún lugar de tu preferencia, todos los días comprarte una golosina que te guste. Por último tienes los llamados gastos innecesarios y aquí se hallan aquellos objetos que uno compra por solo el impulso de agrado que le causo ver ese determinado artículo, sin ponerse a pensar de manera correcta si realmente lo necesitas y cuanto puede repercutir en tu acumulación de riqueza. Con todo esto no quiero que pienses que no te tienes que dar ningún gusto, solo que tienes que ser meticuloso, y sobre todo al comienzo, con tu riqueza. Tienes que fortalecer tu mentalidad ¿A quién no le gusta comprarse algún objeto nuevo? entonces puedes todos los meses apartar un 10% de tus ingresos y que estos sean destinados a comprarte una nueva remera, un nuevo jeans; otro 10% para darte gustos en la salidas a un lindo restaurant, o incluso si amas todos los días desayunar afuera, has un sistema para contemplar este gasto y no dejarlo tirado al azar.

Lo que tienes que reconocer es que tienes que ser consciente de todo lo que entra y sale de tu bolsillo y que tienes que mentalizarte de establecer un sistema para que SIEMPRE el dinero que entra crezca por sí solo y que sea más lo que ingrese que lo que salga, solo así podrás crear tu riqueza. Tus estados financieros y tus reglas financieras pueden ser tan simples o sofisticados como desees.

Cuando hayas calculado tu primer estado de patrimonio neto, comenzarás a tener la capacidad de planificar compras y pagos como se dijo anteriormente. Como un ejemplo simple, si su factura de seguro de auto llega una vez al año, puedes calcular cuánto dinero necesitas reservar cada mes para pagarlo fácilmente cuando llegue. O si estás comprando un auto nuevo, será mucho más feliz planificando los costos iníciales antes de que te expriman a fin de mes y termines pagando algunas facturas tarde.

Después de que te sientas cómodo con un estado de patrimonio neto, puede pasar a un estado de ingresos y gastos. Luego, haga proyecciones para todas sus declaraciones. Y creando escenarios como: ¿Cuánto es un objetivo razonable para los ingresos de jubilación para usted? ¿Cuánto patrimonio neto necesitará para cuándo? ¿Cómo va a aumentar sus ingresos, aumentar sus ahorros, aumentar sus retornos de inversión? Las respuestas se basarán en los hábitos financieros, las herramientas y la educación que desarrollará, pero todo puede comenzar con su primera declaración de patrimonio neto.

Cálculo del ROI con precisión

La frase "retorno de la inversión" (ROI) se usa mucho, pero ¿sabes lo que realmente significa y cómo calcularlo?

Tres formas de calcular el ROI:

Efectivo sobre efectivo: Si se invierten $ 20.000 y crece en $ 10.000, es una tasa de rendimiento de efectivo sobre efectivo del 50 por ciento, lo cual es excelente para la creación de riqueza.

Monto total de la inversión: Si depositas $ 20.000 por una hipoteca de $ 200.000, el crecimiento está ocurriendo en los $ 200.000, no en lo que ingresó originalmente. Esto podría decirse que es menos relevante porque el monto realizado en lo que originalmente se colocó es más importante y útil.

Costo de oportunidad perdido: Cuando buscas recaudar dinero con el dinero de otra persona, debes demostrar la pérdida en la que podría incurrir si no inviertes. Si tienes una inversión que paga un interés del 20 por ciento y el prestamista tiene dinero en algo que solo paga el 5 por ciento, debes mostrarle cuánto está perdiendo si deja pasar su oportunidad.

Lo que hacen los ricos que nosotros no

Los ricos desarrollan un nicho de creación de

riqueza que les permite enormes tasas de rendimiento de lo que hacen: bienes raíces, inversiones en el mercado, su negocio diario. Una vez que obtienen el dinero, sin lugar a dudas, los más ricos de los ricos compran bonos, facturas clave o algún otro tipo de fondo que rinde entre un tres y un cinco por ciento. Quieren proteger su principio. Solo tiran los dados en un área de experiencia donde pueden esperar un retorno seguro.

Secretos de creación de riqueza científica - Diversificación

Esta es una serie de artículos sobre el estudio de ideas científicas generales para crear un sistema de creación de riqueza que funcione de acuerdo con las leyes del Universo. Estos conceptos provienen de observar nuestro entorno. Los científicos han descubierto que las leyes de la naturaleza siguen ciertos patrones. Algunas leyes físicas parecen estar presentes en todas partes, desde los pequeños átomos hasta las enormes estrellas.

Todo en el ámbito físico tiende a estar influenciado por estas leyes, por lo tanto, también se pueden aplicar a tus negocios, como verás en solo unos minutos. Toda la serie contiene los siguientes artículos.

1. Entropía

2. Vida

3. Multiplicación

4. Sinergia

5. Inercia

6. Gravedad

7. Diversificación

La diversificación está en todas partes en la naturaleza. La vida no se trata de una cosa. Se trata de muchas cosas. Es como dice el dicho "la variedad es la especia de la vida". En este artículo encontraras información acerca de la diversificación y cómo puede aplicar este concepto a tu negocio.

Hay una gran cantidad de diversificación en el Universo. Los planetas son diferentes entre sí. Lo mismo con las estrellas y galaxias. Difieren en forma, tamaño, color, estructura interna, etc.

Hay una uniformidad diversificada en el Universo. Por ejemplo, los seres vivos contienen carbono como uno de sus componentes. Una célula es la unidad estructural básica más pequeña de la vida. Hay muchas similitudes comunes como estas entre los organismos vivos, pero todas difieren en tamaño, color, especie, hábitat, vida útil, fuerza física y muchos otros aspectos.

Lo mismo sucede con las empresas. Si se concentra en desarrollar un solo producto, puede tener mucho éxito, pero la mayoría de las empresas intentan comercializar al menos algunos productos. A la gente le encanta tener opciones. Por ejemplo, todos los automóviles tienen una estructura básica similar: un vehículo útil para el transporte con cuatro ruedas, un motor, un parabrisas, etc.

Lo que hace que un individuo elija un automóvil en lugar de otro son los detalles. A menudo, los pequeños detalles hacen una gran diferencia. Lo mismo sucede con los productos o servicios que una empresa puede ofrecer a sus clientes. Cuando tus clientes acuden a ti, puede que no les guste un producto solo por su color. Al hacer pequeños cambios y dar a las personas más opciones, puede aumentar tus ventas.

Otra forma de aplicar la diversificación a las empresas es establecer múltiples flujos de ingresos. Puedes hacer esto aumentando las fuentes de ingresos dentro de tu negocio. También puedes iniciar nuevos negocios y realizar diferentes inversiones. Como dice el refrán: "No ponga todos tus huevos en una canasta". También "la diversificación es el único almuerzo gratis".

La idea es no diversificar de una vez, sino un paso a la vez. Si intentas hacer todo al mismo tiempo, puedes quedarte atascado. Una buena idea sería comenzar un negocio y diversificar tus flujos de ingresos dentro de ese negocio. Podría ser, por ejemplo, ofrecer diferentes productos y servicios a tus clientes, de modo que tengan opciones para elegir.

Luego, una vez que el negocio se vuelve rentable, puedes diversificar y establecer otro flujo de ingresos y otro y otro, etc. Las inversiones también son una buena opción. Muchas inversiones te permiten recibir ingresos pasivos, por lo que no tienes que estar trabajando constantemente para ganar el dinero.

La idea de diversificación es muy importante. Si pones todos tus esfuerzos en un solo proyecto, estás asumiendo un riesgo. Múltiples flujos de ingresos son especialmente buenos para respaldar problemas inesperados de dinero cuando aparecen de la nada. Es por eso, que muchas personas ricas tienen negocios diferentes en lugar de solo uno.

CREACION DE RIQUEZA

Secreto para la libertad financiera

Libertad financiera, secreto del éxito de la inversión, bienes raíces, riqueza del mercado de valores, ganancias, inversión, marketing en Internet, millonario, ingresos, seguridad, oportunidades, negocios desde el hogar, dinero, efectivo, fortuna.

¡Siempre ha sido el sueño y el deseo de la humanidad buscar la libertad: libertad de pensamiento, libertad de expresión, libertad de creencia ¿Por qué entonces no la libertad financiera!

Definición de Wikipedia: "La libertad financiera describe un estilo de vida bien planificado en el que ya no se requiere trabajar para obtener ingresos para cubrir sus gastos".

Padre rico padre pobre y otros libros sobre finanzas personales realmente se han interesado y se han preguntaron por qué la escuela y la universidad no nos han enseñado cómo obtener inteligencia financiera. Este libro entre otros apoya la independencia financiera a través de inversiones, bienes raíces, empresas propietarias y otros medios de generar dinero y tácticas de protección.

La mayoría de nosotros tenemos hambre y aspiramos a alcanzar la libertad financiera. Cuando se trabaja en una organización sin capacidad de toma de decisiones, la gerencia dictará su bienestar financiero. Asumirá las consecuencias de una falla administrativa, dentro o fuera de su control. Podrían ser factores macro externos tales como: entorno de mercado, competencia, políticas gubernamentales, acto de dios...... intencionalmente o no. Llevará los frutos del error de gestión: reducción de personal, reducción de tamaño, reducción de sueldo y pago estancado.

¿Qué pasará después...? Empiezas a buscar otro trabajo. Tal vez esta vez, tu suerte está brillando, te las arregla para asegurarte ... palabras incorrectas para usar, conseguir un trabajo trabajando en una gran empresa de primera línea, tal vez mejor, trabajar como funcionario con un cuenco de arroz de hierro. En tu mente, debes estar diciendo: ¡¡Finalmente lo logré en la vida ..... !! ¿Buscan algunas almas? ¿Realmente lo logran? Tus ingresos salariales pueden o no ser capaces de mantener tus gastos diarios. O tal vez seas uno de los millones que aún luchan por pagar préstamos hipotecarios, préstamos para automóviles, tarjetas de crédito, facturas de servicios públicos y facturas telefónicas... ¡facturas que no se terminan......!

Quizás seas muy afortunado, capaz de encontrar un trabajo en el que el cheque de pago exceda tu gasto de vida actual. Tal vez seas uno de los pocos afortunados que obtienen buenos ingresos trabajando en el escalón superior de una organización. Pero hazte esta pregunta: ¿Eres feliz? ¿Estás fuera de la carrera diaria de ratas? ¿Estás fuera de la política de la oficina despiadada? ¿Estás atascado en los embotellamientos diarios de la mañana que nunca parecen disminuir?

Podría ser cierto que te gusta tu trabajo. Excelente....! ¿Pero estás haciendo crecer tu dinero? ¿Estás utilizando el poder de la capitalización para acumular riqueza para que cuando llegue el día en que finalmente decidas dejar tu trabajo, tengas una montaña de riqueza que te respalde? Solo cuando hayas alcanzado esa etapa financiera podrá decir con orgullo: "¡¡¡Hago lo que amo porque quiero!!"

La libertad financiera no significa simplemente libre de deudas, la deuda es otro gasto. Mientras un ingreso de inversión pasiva pueda cubrir todos los gastos, uno se considerará libre de finanzas. Esta inversión pasiva de "ahorros" lo suficientemente grande también debería liquidarse fácilmente si fuera necesario. En términos simplificados, la libertad financiera es donde tú no necesitas trabajar por dinero, sino que el dinero trabaja para ti.

"¿Cómo lo logras?" Podría lograrse al encontrar, aprender y dedicar tiempo, esfuerzo y dinero a construir algo (inversión pasiva) que genere ingresos de manera rentable y consistente, mucho después de que haya "completado el edificio". Hay muchas maneras de construir una máquina de hacer dinero. Podría ser la inversión o el comercio de acciones, divisas, futuros, productos básicos o cualquier instrumento financiero que pueda generar dinero. El marketing en Internet, MLM, empresas comerciales y la propiedad de bienes inmuebles para renta / renta de capital son otras formas de vehículo para hacer dinero.

El mayor obstáculo para la libertad financiera es que no todos tienen las habilidades, experiencia, conocimientos y dinero necesarios para construirlo. La clave de la riqueza es encontrar algo que se adapte a la capacidad de uno y construirlo. La "máquina generadora de dinero" puede ser más de una, podría ser varias máquinas. El tamaño o la cantidad de máquinas que intentes construir dependerá en gran medida del deseo, el capital y el nivel de tolerancia al riesgo. Todos son diferentes. Lo importante es que debes ser el que controle las decisiones que afectan tu vida.

Tu camino elegido hacia la libertad financiera también dependerá en gran medida de tu interés y la cantidad de dinero que tengas. Es cierto que necesitas dinero para generar dinero, pero también es cierto que puedes crear riqueza con poco dinero. Muchos hombres y mujeres ricos han demostrado que si hay voluntad, siempre hay una manera. Así que una vez que termines de leer este ebook, comienza a generar tu imperio de abundancia.

Si realmente quieres alcanzar la grandeza financiera, primero debes eliminar todos los bloqueos subconscientes que tienes para ganar dinero. Finalmente debes liberar tu mente para crear la riqueza que mereces.

CREACION DE RIQUEZA

¿Debes utilizar un corredor privado de gestión de patrimonio?

Si tienes un negocio y todo el trabajo duro y difícil que has estado haciendo para que tenga éxito, entonces probablemente sea una buena idea buscar un corredor de administración de patrimonio privado. No tiene que ser un negocio rico en este momento, pero un servicio financiero puede ayudarte a ampliar tu potencial, tal vez incluso mejor de lo que jamás hayas imaginado. Cuando busques un corredor de inversiones, asegúrate de que estén interesados en tus objetivos a largo plazo y tu tolerancia al riesgo, que comprenda la naturaleza de tus activos. Estás buscando un corredor de administración de patrimonio privado que tenga interés en desarrollar una asignación de activos a largo plazo y trabaje contigo para implementar una estrategia adecuada que te ayude a cumplir los objetivos. El corredor tiene que prestar servicio a la cartera de cada cliente individual de forma continua y evaluar los posibles ajustes en respuesta a los cambios económicos, las tendencias del mercado o las necesidades del cliente de manera regular. Administrar el dinero y los ahorros de toda la vida de las personas brinda enormes oportunidades y responsabilidades para ellas, para las familias y los ejecutivos de las oficinas familiares. Abordar los problemas de riqueza generacional requiere los socios adecuados. Al elegir un corredor de gestión de patrimonio privado, uno debe requerir un socio proactivo con capacidades de clase mundial. Elije el servicio financiero que tendrá soluciones financieras integrales diseñadas para ayudarte a crecer, preservar y administrar tu patrimonio.

Muchos servicios financieros tienen una división especializada compuesta por expertos de cada una de sus áreas de servicio, y se dedican a proporcionar soluciones financieras integrales y flexibles para satisfacer tus necesidades únicas. Muchos servicios creen, por supuesto, que son líderes en estas áreas. Solo asegúrate de que se comprometan a identificar y analizar rigurosamente la información financiera, los problemas estratégicos y las tendencias, tanto regionales como globales, que afectan a las empresas, la industria, los mercados y los cambios fundamentales que pueden tener un impacto significativo en los valores de inversión futuros para ti y tu familia. La investigación objetiva y distinguida es fundamental para atender a los clientes inversores en los mercados de renta variable, renta fija, divisas y materias primas de todo el mundo. Al buscar un corredor de administración de patrimonio privado, debes asegurarte de que te sientas cómodo con tu corredor, lo suficiente como para establecer un tipo de vínculo con esta persona. Después de todo, él o ella será su asesor de confianza, y su objetivo debe ser construir y administrar tu riqueza.

El servicio de administración de patrimonio privado que elijas debe ser el de proporcionarte las herramientas y los servicios necesarios para reducir las cargas administrativas de administrar el dinero que te permitirán concentrarte en lo que mejor haces: maximizar el rendimiento comercial, desarrollar tu negocio y atraer nuevas fuentes de capital. ¿Tienes programas que pueden brindarte la oportunidad de generar y aumentar los ingresos a través de transacciones bien entendidas y de riesgo relativamente bajo? Estás buscando consejos de inversión sólidos de asesores en los que sientas que puedes confiar. En lugar de productos pre envasados, necesitas acceso a soluciones de inversión de calidad basadas en tu situación única, y necesitas ayuda para desarrollar un plan financiero coordinado que busque abordar tu situación de riqueza total y las necesidades cambiantes a lo largo del tiempo.

CREACION DE RIQUEZA

Las 5 leyes inquebrantables de la creación de riqueza en línea

Cuando Internet comenzó por primera vez, pocos podían imaginar cuán lejos llegarán sus efectos en más de una década. Es un hecho de la vida ahora que Internet continuará cambiando prácticamente todos los aspectos de nuestra vida cotidiana. A medida que la población mundial de Internet continúa expandiéndose, también lo hacen las oportunidades para empresarios y personas comunes que buscan escapar de la esclavitud de un trabajo de nueve a cinco.

La creación de riqueza en línea es para todos.

La gran cantidad de oportunidades presentadas en línea permite a cualquiera comenzar a construir riqueza en ella. Hay tantas áreas para explorar e, independientemente de tu nivel de talento, habilidad o interés, encontraras algo que te convenga. Alguien dijo una vez que "puede convertir cualquier pasión en ganancias en línea" y esto es más cierto ahora que nunca. Parece que el mayor problema no está en encontrar un programa adecuado, sino en no distraernos con las diversas opciones con las que nos bombardean. Cada día se abren nuevas oportunidades y nuestra tendencia natural es entrar en acción. Sin embargo, la creación de riqueza en línea depende del enfoque y de tener la disciplina para no distraerse.

Si estás comprometido a construir tu riqueza en línea, tiene muchas ventajas obvias. La libertad de trabajar en tu propio reloj y responder solo a ti mismo son las razones principales por las que tantos hacen el cambio de la oficina a la habitación libre en casa. Muchos programas de creación de riqueza en línea crean falsas ilusiones que dejan a muchos novatos aspirantes en el frío después de invertir su valioso tiempo y dinero. Internet es un mundo difícil cuando se trata de ganarse la vida, pero, de nuevo, también lo está en el mundo "real". No esperes un viaje fácil, pero tampoco te desanimes. Hay tantas oportunidades en línea que seguramente encontrarás tu lugar lo antes posible.

Hay cinco leyes de creación de riqueza en línea, que pueden ayudarte enormemente a crear tu éxito a largo plazo. Te recomiendo que uses estas leyes para evaluar oportunidades potenciales o simplemente para evaluar tu posición actual.

La ley de excelencia:

Las cosas tienden a moverse muy rápido en línea. Es fundamental que te comprometas con la excelencia y que siempre sigas aprendiendo y mejorando. Si no lo hace, seguramente te quedarás atrás. Lucha por la excelencia. No puedes seguir haciendo las mismas cosas y esperar mejorar, ni hacer más de lo que no funciona, no hará que funcione mejor.

La ley de calidad:

El término "creación de riqueza" implica que no es algo instantáneo. La calidad siempre se ve recompensada a largo plazo y, aunque algunos de los esquemas de "hacerse rico rápidamente" funcionan en línea, rara vez funcionan a largo plazo. Hay una gran diferencia entre ganar dinero rápido y crear riqueza. Independientemente de lo que crees en línea, busca primero la calidad, ya que esto garantizará la sostenibilidad en lo que haces.

La ley de elección:

La riqueza es una elección. Probablemente hayas escuchado esto antes, pero nunca lo entendiste completamente. Ser rico comienza con una elección y es una elección que debes tomar a diario. Internet es responsable de la mayor distribución de riqueza en la historia. El poder está cambiando de las grandes corporaciones al chico (o chica) en su garaje con una sola computadora portátil. Puedes elegir ser parte de esto o seguir haciendo lo que siempre has hecho.

La ley de persistencia:

Cuando se trata de crear riqueza en línea, para algunos la curva de aprendizaje será mayor que para otros. Independientemente de tu nivel de habilidad, enfrentarás muchos desafíos. Aquí es donde entra en juego la perseverancia y la confianza en lo que estás haciendo. Ten en cuenta que siempre te encontrarás con muchas dificultades antes de tener éxito: es esencial para tu crecimiento personal y tu desarrollo a un nivel del éxito.

La ley del valor:

Hagas lo que hagas en línea, ¡sé un jugador de equipo! Tu riqueza y éxito es directamente proporcional a la cantidad de valor que agregas a otras personas. Si quieres tener más éxito, solo piensa en cómo puedes agregar más valor a la vida de otros individuos.

El éxito financiero es sin duda obtenible para prácticamente cualquier persona. Sin embargo, existe una gran diferencia entre el éxito obtenible y el éxito sostenible. Solo piense en la historia de Los tres cerditos: tienes que construir tu "casa" de ladrillo y asegúrate de que tu éxito sea sostenible a largo plazo. Después de todo, ¿quién quiere dejar su trabajo diario solo para regresar después de seis meses?

CREACION DE RIQUEZA

El hábito automático de creación de riqueza

¿Realmente puedes construir riqueza automáticamente?

La respuesta es sí... solo necesitas adquirir un nuevo hábito de creación de riqueza.

Te encantará este hábito porque ni siquiera tiene que recordarlo... ¡una computadora bancaria recuerda el hábito por TI! ¿Cómo es eso posible? Sigue leyendo y pronto lo verás.

Así es como funciona el hábito automático de creación de riqueza. Se basa en el milagro del interés compuesto y la sorprendente tecnología bancaria que está disponible para prácticamente todos nosotros hoy.

Paso 1

Si no tienes una cuenta bancaria con "Bill Pay", vaya a un banco que la tenga y abra una nueva cuenta. Pregúnteles cuántos cheques se pueden enviar por mes, si se pueden administrar a través de Internet, cuáles son los costos. Muchos bancos ahora ofrecen este servicio de forma gratuita como una promoción para obtener más clientes.

Paso 2

Decide a quién quieres ayudar a construir riqueza. Puedes comenzar al principio de tus primeros pasos en el mundo de las finanzas, contigo, con tu hijo/a, con un nieto/a o incluso un amigo/a. Este hábito también funciona para construir riqueza espiritual. Siempre ayudar al prójimo te eleva y te conecta con tu semejante.

Paso 3

Después de abrir la cuenta, ahora puedes seleccionar cualquier cantidad de dinero que desees enviar a cualquier persona u organización y en casi cualquier intervalo de tiempo. Algunos bancos incluso ofrecen una cantidad ilimitada de facturas que se pueden enviar. Luego, los bancos enviarán cheques a intervalos regulares a las personas u organizaciones que tu hayas designado.

El verdadero poder de este hábito es que no vas a enviar facturas en la mayoría de los casos, enviarás pagos de creación de riqueza automáticamente.

Bien, antes de llegar al paso 4, veamos el asombroso poder de aumentar el interés para ver cuánta riqueza se puede construir con el tiempo con este hábito.

Aquí hay un ejemplo de la cantidad de riqueza que podrías generar al hacer que tu factura envíe solo $50 por mes a una cuenta (fondo mutuo, IRA, etc.) que tenga un rendimiento del 5%.

1 año = $ 615
5 años = $ 3.400
10 años = $ 7.764
25 años = $ 29.775

Puedes obtener más información sobre el interés compuesto haciendo una búsqueda en Google en Internet. Obviamente, la cantidad de riqueza que puedes generar varía con las cantidades y la frecuencia de los pagos de facturas enviadas a tus cuentas de creación de riqueza y su tasa de interés. Aquí es donde la investigación puede ayudarte, es por eso que es fundamental que estés educado e informado.

La belleza del sistema de pago de facturas es muy fácil de ajustar sus montos recurrentes hacia arriba o hacia abajo, según tu situación financiera actual. Como ejemplo, puedes configurar el pago de tu factura para enviar $ 12.50 cada semana a una cuenta (equivale a $ 50 por mes) o cambiarlo a $ 15 por semana durante unas pocas semanas y luego volver a bajar a $ 12.50 más adelante. Tú decides exactamente quién recibe el dinero, cuánto y con qué frecuencia. Tienes el control total en todo momento.

Paso 4

Ahora es el momento de configurar tu hábito automático de creación de riqueza utilizando el sistema de pago de cuentas de tu banco. Obten la dirección de la persona u organización a la que deseas enviar el dinero, incluido el número de cuenta. Conéctate en línea y configura una nueva cuenta con esta información. Establece frecuencia y cantidades.

Puedes ser muy creativo con la forma en que construyes riqueza y a quién ayudas también a construirla.

* Configura un pago automático de facturas para financiar la educación universitaria de un niño. Hay muchos estados que tienen planes que comienzan con tarifas mensuales bajas cuando el niño nace o aún es joven.

* Configura un pago automático de facturas para financiar la cuenta de ahorros de un niño, solo has que el dinero se envíe al banco del niño con su número de cuenta en la nota de cheque "Depósito en la cuenta ######"

* Configura un pago automático de facturas para enviar un pago a una organización benéfica todas las semanas. Si tu iglesia recibe un pago automático de caridad todas las semanas, estás ayudando a apoyar a tu iglesia todas las semanas, incluso cuando pierde un servicio dominical.

* Configura un pago automático de facturas para enviar dinero a alguien que lo necesite.

* Configura tu pago de facturas para pagar realmente las facturas que has pagado tarde en el pasado.

Las posibilidades son infinitas... ¡solo necesitas actuar y hacer que suceda!

El camino hacia la verdadera riqueza

Muchas personas creen que el camino hacia la verdadera riqueza comienza con una gran oportunidad de ganar dinero. Esto es solo parcialmente cierto. Si bien de vez en cuando surge una buena oportunidad de creación de riqueza, en realidad son pocas y distantes. La mayoría de las personas que alcanzan la verdadera riqueza son aquellas que presupuestan sabiamente, trabajan duro y no viven como si fueran ricas y, sobre todo, tienen educación sobre el tema.

El camino hacia la verdadera riqueza comienza con determinación. Cuando estés decidido a acumular riqueza, tendrás éxito, incluso si no sucede de inmediato. Los estímulos de determinación darán fuerza, trabajo duro y pellizcos. Sin embargo, la determinación no es suficiente.

El siguiente paso en el camino hacia la verdadera riqueza es hacer un plan. Las posibilidades de encontrar ese esquema rápido para hacerte rico del que todos hablan de `ganar millones son bastante escasas. Necesitas hacer un plan para una carrera profesional rentable, negocio u oportunidad de hacer dinero. También necesitas hacer un plan de inversión.

La verdadera riqueza se trata de presupuestar e invertir. No gastes todo el dinero que ganas. Ahorra hasta que tenga suficiente para invertir. Esto es realmente más fácil de lo que parece. Es importante que hayas alcanzado un estilo de vida que sea cómodo pero no excesivo (por lo menos al principio de tu recorrido), recuerda que si vas aumentando tu estilo de vida, más larga será la brecha para mantenerte por ti mismo, ya que requerirás de mayores ingresos para mantenerte tanto a ti como a tus negocios.

Puedes invertir en inversiones de bajo riesgo y alto rendimiento, como cuentas del mercado monetario, o puedes invertir en acciones o productos básicos. Invertir en compañías nuevas y futuras que son muy prometedoras, a veces llamadas acciones de centavo, es una de las mejores maneras de invertir tu dinero y acumular riqueza verdadera rápidamente. Invertir el dinero que no gastas, es la mejor manera de acumular riqueza verdadera.

Este es un ejemplo perfecto de cómo acumular riqueza verdadera. Un hombre comenzó a trabajar en una cantera. Ascendió a la gerencia, luego a la gerencia ejecutiva. A principios de los años ochenta, el hombre invirtió casi diez mil dólares en ahorros en acciones de centavo en una compañía que muchos pensaron que nunca flotaría. Más tarde, él era millonario cuando Cellular One despegó como un cohete. Tomó el dinero, lo reinvirtió y ganó aún más dinero. Aún así, el hombre solo vivía en una casa lo suficientemente grande como para su gran familia. Cuando finalmente falleció, tenía más de un millón de dólares para repartir entre su familia, y no había trabajado en veinte años.

El umbral entre la creación y destrucción de riqueza

La riqueza es simplemente la acumulación de dinero, y solo se puede crear por la cantidad de dinero que se recibe y nunca se gasta. Si deseas generar riqueza, en cualquier momento que recibas dinero: no lo gastes todo. Claro que es un concepto muy simple, pero es muy difícil de lograr continuamente. Afortunadamente, hay aliados fácilmente disponibles para ayudarte: encuentra algunas razones convincentes para comenzar a ahorrar, conviértelo en un hábito, ve cómo se desarrollan tus esfuerzos y establece algunos hitos financieros para recompensarte.

Apartar un porcentaje de cualquier dinero que recibas es el mejor método para seguir y desarrollar el hábito de ahorrar dinero. Hay algunos avaros entre nosotros que encuentran que ahorrar es fácil de hacer, pero la mayoría de la gente quiere gastar mucho más de lo que se gana; y mucho menos tener la disciplina de gastar menos de lo que ganan. Por lo tanto, comienza como una batalla mental y emocional cuesta arriba que se vuelve más fácil al seguir con el hábito y ver los resultados de tu esfuerzo. Gastar menos de lo que ganas cada semana, cada mes, cada año, es la única forma de acumular dinero.

¿Cuánto dinero deberías reservar para acumular ahorros? Debe ser un porcentaje para que lo traslades automáticamente a una cuenta de ahorros separada cada vez que recibas ingresos, sin excepción. El rango de 10% a 30% es el porcentaje inicial más exitoso para las personas que continúan ahorrando durante largos períodos de tiempo. A medida que guardes repetidamente una tasa de porcentaje establecida, se volverá más habitual, automática y esperada. Entonces estarás listo para aumentar tu porcentaje. Y cuanto mayor sea la tasa de ahorro, tu creciente cantidad de dinero creará más motivación para seguir ahorrando.

En los frágiles primeros años de ahorrar dinero, solo puedes tomar un solo movimiento financiero incorrecto para borrar todo lo que has guardado hasta ahora. Y el movimiento incorrecto más común no se ve así cuando está ocurriendo. Este movimiento de drenaje también puede comenzar de manera insidiosa y crear un hábito diferente, el hábito de destrucción de riqueza. Tú conoces el problema: pagua el saldo de tu tarjeta de crédito en su totalidad, todos los meses, sin excepción. Como ejemplo, si no has ahorrado dinero para unas vacaciones antes de partir y luego lo cargas a su tarjeta de crédito, existe una gran probabilidad de que no lo pagues durante mucho tiempo. Las compañías de tarjetas de crédito lo saben y están extrayendo dólares de intereses de ti en lugar de que tú ganes tus intereses. Has pasado al lado oscuro de la destrucción de la riqueza, donde es más común que el saldo de su tarjeta de crédito crezca y no se reduzca.

Volvamos a construir tu riqueza. Una vez que comiences a reservar el porcentaje de ahorro que has decidido y abierto una cuenta de ahorro dedicada, debes revisar detenidamente los extractos de cuenta para motivarte. Revisa el progreso que has logrado hasta ahora y verás cómo avanzas hacia los objetivos financieros que tienes como meta. Y otro motivador es recompensarte gastando algo de dinero en ti mismo cuando hayas alcanzado ciertos hitos. Por ejemplo, podrías comenzar con el objetivo de acumular $500 y recompensarse con algo significativo; y luego, cada vez que duplicas tu cantidad de ahorro, obtienes otra recompensa.

Los verdaderos determinantes de la creación de riqueza

La educación formal de élite está sobrevalorada

Existe un gran mito de que ir a una gran escuela y conseguir un buen trabajo te ayudará a crear riqueza. En realidad, es más probable que lo entierre en tanta deuda que estarás cerca de la jubilación para cuando estés libre de deudas.

El gran gasto vinculado a las instituciones de élite tiene dos propósitos. (1) Proporcionar una red / estructura mediante la cual las élites adineradas puedan retener el poder; y (2) cargar a los no ricos con una enorme deuda. En el libro seminal, La educación y el auge del estado corporativo, Joel Spring escribió que "el desarrollo de un sistema similar a una fábrica en el aula del siglo XIX no fue accidental". Russell Conwell, miembro de la élite adinerada y fundador de una de las instituciones educativas más antiguas de Estados Unidos, la Universidad de Temple, expresó sentimientos que creía que deberían integrarse en la educación:

"Los hombres que se hacen ricos pueden ser los hombres más honestos que encuentres en la comunidad... Noventa y ocho de cada cien hombres ricos en Estados Unidos son honestos. Por eso son ricos. Es por eso que se les confía nuestro dinero... Es porque son hombres honestos... el número de pobres con los que se debe simpatizar es muy pequeño. Simpatizar con un hombre a quien Dios ha castigado por sus pecados... es hacer lo malo".

Los trabajos de élite que crean riqueza son raros

En esencia, la educación de élite construye un sistema de castas financiado por deuda. Hay dos escenarios predominantes que enfrentan los estudiantes de educación de élite al graduarse. Hay quienes emergen de estas escuelas libres de deudas y, de todos modos, realmente no necesitaban la ventaja de una educación de élite, y aquellos que están cargados de deudas y se convertirán en engranajes en la máquina por los intereses de los libres de deudas. Para aquellos que creen que pueden salir de esta enorme montaña de deudas al ascender en la escala corporativa en la tierra de las oportunidades, piensen de nuevo. En 1965, los CEO en Estados Unidos ganaban aproximadamente 24 veces más que sus empleados. En 2006, los CEO en Estados Unidos ganaron 262 veces más que sus empleados (Fuente: BBC News, 22 de junio de 2006).

Además, en 2005 y 2006, los CEO de las 11 firmas más grandes de EE. UU. Recaudaron US $ 865.000.000 en salario al mismo tiempo que su liderazgo causó que los accionistas perdieran US $ 64.000.000.000 en acciones de la compañía. Si su liderazgo destruyó miles de millones de dólares en riqueza en el mercado de valores era irrelevante. Todavía fueron recompensados. Así es como funciona el sistema de castas moderno.

A menos que estudies ingeniería, derecho, arquitectura o medicina, la mayoría de la educación formal no solo es irrelevante para la creación de riqueza, sino que seguramente la construirás mucho más rápido si te conviertes en un emprendedor y / o aprendes a invertir adecuadamente. La educación formal solo cambiará cuando la mayoría de las escuelas comiencen a enseñar lo que es realmente necesario para tener éxito financieramente más adelante en la vida. Y eso incluye clases sobre:

1. Invertir en acciones y activos no bursátiles.

2. Apalancando dinero.

3. Tiempo de apalancamiento.

4. Construir redes exitosas.

Tal como está ahora, uno puede ir a Harvard

u Oxford, obtener un doctorado y aún estar mal preparado para generar riqueza. Indudablemente, la red que se construye en este tipo de instituciones es exponencialmente más valiosa que la educación que se recibe.

Ahorrar dinero = perder dinero

Quizás un consejo aún peor es ahorrar y guardar dinero. Guardar dinero en una cuenta de ahorros y dejarlo ahí al tipo de interés "X" simplemente convierte tu dinero en polvo. Casi siempre hay buenas oportunidades de inversión de riesgo-recompensa en algún lugar del mundo, no solo en los mercados de valores. Si, por ejemplo, las oportunidades inmobiliarias en Corea son pobres, entonces Argentina o Islandia pueden estar en auge. Es solo cuestión de ampliar las perspectivas para encontrarlos y estar siempre informado sobre las cuestiones económicas de uno y del lugar donde estés residiendo. Tener efectivo inactivo sentado y no trabajar para ti, nunca es una buena estrategia cuando uno desea construir riqueza.

Los dos ladrones más grandes en lo que respecta a la creación de riqueza

Los dos mayores ladrones de riqueza con los que se encontrará una persona son las deducciones de impuestos y las demandas. Los impuestos trabajan en tu contra al reducir tu riqueza. Estos incluyen impuestos federales sobre la renta, impuestos estatales, impuesto a las ganancias, entre otros (esto depende de cada país).

Luego, las demandas son el otro mal. Esta no es la reducción lenta de tu riqueza como con los impuestos. Es la repentina confiscación del dinero que haz trabajó para generar. Literalmente, puedes caer desde la parte superior del tótem hasta el fondo del barril durante la noche. Creo que no hay ganadores en las demandas porque incluso "ganar" una demanda requiere tiempo y dinero que te retrasará. Una vez más, puedes protegerte aprendiendo cómo estructurarte adecuadamente.

Para comprender estas estrategias es crucial diferenciar los conceptos de activo y pasivo. Pregúntate lo siguiente: ¿Es una inversión inmobiliaria un activo o un pasivo? Quizás estés pensando: "Genera ingresos y proporciona equidad; por lo tanto, tiene que ser un activo.

Sin embargo, la respuesta es más compleja. Debes observar cómo posees el título de esa propiedad. Si lo posees incorrectamente y no está estructurado adecuadamente, podrías estar en riesgo. Si tienes tu casa, tu automóvil, tus cuentas bancarias juntas, alguien puede llevárselas todas de una vez. Por lo tanto, debes aprender cómo estructurar la entidad.

El último sistema de creación de riqueza

La mayoría de las personas busca el mejor sistema de creación de riqueza para la mayoría de sus vidas. Cada uno tiene, si lo desea y se compromete con ello, la habilidad para ganar dinero. No importa cuál sea tu nivel de educación o nivel de habilidad, tú tienes poder para generar ingresos. ¿Quieres escuchar las buenas noticias sobre eso y cómo te conecta con el sistema de creación de riqueza definitivo? **No es cuánto ganas; lo que haces con él determina tu condición financiera.** La segunda mitad del último sistema de creación de riqueza es lo que haces con el dinero que ganas. Hay un sistema para controlar el flujo de dinero para crear riqueza. Las personas muy ricas conocen este sistema. Funciona tanto si eres un empleado que trabaja para otra persona y estás utilizando el sistema para controlar el flujo de tus ingresos personales, o si eres un propietario de una empresa que utiliza el sistema para controlar el flujo de los ingresos de la empresa. Es un sistema increíblemente simple.

1. GASTAR MENOS DE LO QUE HACES: Reduce tus gastos para operar dentro de tus ingresos.

2. PON AL MENOS EL 10% DE SUS INGRESOS EN AHORRO Y NUNCA LOS GASTES: Reserva cantidades regulares de efectivo de tus ingresos para el futuro: primero págate a ti y ahorra dinero para obtener libertad financiera. El último sistema de creación de riqueza requiere un mínimo del 10% de los ingresos en ahorros de cada centavo que ganas. Simplemente olvida que lo tienes. A medida que se vaya acumulando, muévelo a lugares que generen mejores intereses que las cuentas de ahorro bancarias, en el mercado bursátil. Esto incluye comprar casas y edificios comerciales que puedes alquilar para ganar más dinero. Esto es lo que se conoce cuando se dice que tienes que poner el dinero a trabajar por ti.

3. NO COMPRES CON CRÉDITO: paga en efectivo en su lugar. La deuda es una enfermedad que debes evitar contraer. Calcula lo que quieres comprar y guarda dinero para la compra todas las semanas hasta que tengas el efectivo. Para compras grandes como automóviles, muebles y equipos, compra usados en lugar de nuevos. Recuerda que esos artículos pierden valor desde el momento en que los compras.

4. ENCUENTRA MANERAS DE GANAR MÁS DINERO: el costo de vida personal aumenta aproximadamente 3.5% cada año (dependiendo del país donde residas) por lo que necesitas ganar más dinero solo para mantenerte al día. Si trabajas para otra persona, aumenta tu valor para la empresa asumiendo más responsabilidad y aprendiendo a hacer más; luego pide un aumento. Tienes que estar dispuesto a trabajar en un segundo trabajo si es necesario para salir de la deuda y comenzar a ahorrar dinero.

Si eres dueño de un negocio, revisa tu línea de productos y servicios y descubre cómo vender más artículos rentables. Tienes que estar dispuesto a descontinuar los artículos que no generan suficientes ganancias en el tiempo, esfuerzo y costo para venderlos. El secreto para ganar más dinero es bastante simple si le prestas atención.

5. USA TU DINERO PARA AUMENTAR TUS INGRESOS: después de pagar tu último sistema de creación de riqueza, ya sea el 10%- 30% en ahorros y pagar tus facturas, usa el dinero sobrante de manera que aumente tu capacidad de generar más ingresos.

¿Por qué es tan importante controlar el flujo de dinero? Es la energía y la sangre vital de un negocio u hogar. Es necesario bombearlo a través de las áreas productoras de ingresos primero para mantenerlo funcionando bien. Todo funciona mejor cuando hay efectivo disponible.

Parece simple, ¿verdad? Y es simple. El último sistema de creación de riqueza se aprende fácilmente y se puede utilizar para obtener tu libertad financiera. Sin embargo, requiere disciplina y compromiso personal para lograr el objetivo de la independencia económica para que nunca más tenga que preocuparte por el dinero.

La gran noticia es que tienes control sobre este sistema. Hecho correctamente y consistentemente, el resultado final siempre es tener mucho efectivo a mano, todas las facturas pagadas y mucho dinero en reservas para financiar lo que realmente quiere hacer con tu dinero; no solo pagar facturas. Qué tan bien controle el flujo de su dinero determinará qué tan bien su empresa o familia sobrevivirá ahora y en el futuro. La aplicación correcta de estos cinco pasos hará que este sistema de creación de riqueza funcione para ti.

Creación de riqueza: una ventaja de la propiedad de vivienda

A medida que envejeces, el tema de la creación de riqueza viene al frente y al centro. La creación de riqueza simplemente se refiere al aumento del valor neto de tus activos totales. La creación de riqueza a lo largo del tiempo es una de las ventajas de la propiedad de la vivienda.

Construyendo Equidad

Ser propietario de una casa puede ayudarte a generar riqueza de dos maneras. Primero, construyes equidad pagando tu hipoteca. Un cierto porcentaje de cada pago de la hipoteca se destina a una reducción en el monto total adeudado. Por lo general, los pagos en los primeros años de la hipoteca se aplican principalmente a los intereses de los préstamos. Sin embargo, a medida que pasa el tiempo, más y más de cada pago se aplican al monto pendiente del préstamo. Antes de que te des cuenta, el préstamo de $ 300.000 se ha reducido a $ 50.000 y has ganado $ 250.000 en riqueza.

La apreciación es la segunda ventaja de creación de riqueza para la propiedad de la vivienda. Cada año, el valor de tu vivienda aumentará o disminuirá ligeramente según los precios del mercado. Con el tiempo, los bienes raíces siempre han apreciado su valor. En el mercado actual, las casas en algunas partes del país se están apreciando a tasas tan altas como quince a veinte por ciento. La apreciación es un tema muy popular entre los propietarios de viviendas.

Ejemplo de creación de riqueza

Veamos una demostración simple de cuán ventajosa puede ser la propiedad de una vivienda. Supón que compras una casa en el 2005 por $ 400.000 y, con el propósito de las matemáticas, no pagas nada. Durante los próximos 10 años, sus pagos de hipoteca se reducen pendiente en $ 100.000 y el valor de la vivienda aumenta a $ 600.000. El valor de tu casa como activo neto ha crecido a $ 300.000 [$ 600.000 menos $ 300.000] Si hubieras alquilado durante este período, se habría perdido $ 300.000 en riqueza. Este simple ejemplo debería mostrarte la ventaja de ser propietario de una vivienda.

Históricamente, la propiedad de viviendas es

una de las mejores formas para que las familias acumulen riqueza. Si actualmente no posees una casa, debes comenzar a buscarla.

Soluciones de gestión patrimonial: abundan las opciones

La gestión del patrimonio es un concepto difícil de comprender para muchas personas, especialmente en términos de inversión y ahorro para el futuro. Con opciones como acciones, bonos, 401K, 529 y más, elegir la opción correcta de administración de patrimonio puede ser difícil en el mejor de los casos e imposiblemente confuso en muchas circunstancias. Es por eso que hay firmas de administración de patrimonio que son expertas en estos servicios y existen solo para ayudar a guiar a las personas de alto patrimonio a través de los dolores y molestias de la administración de patrimonio y la banca privada, así como para educar a las personas sobre dónde poner tu dinero y cómo cada inversión ayudará a que tus finanzas crezcan.

Banca privada

Si estás interesado en obtener más información sobre las diversas formas de invertir tu dinero o planificar tu jubilación, tal vez deberías buscar opciones de banca privada. En la banca privada, tienes un administrador de cuenta directo con el que puedes contactarte en cualquier momento, si tienes alguna pregunta sobre tu cuenta y cómo se manejan sus activos. Existen muchas opciones de inversión a través de la banca privada, y la mayoría son bastante simples de entender, lo que hace que esta sea una opción preferida para muchas personas que no están familiarizadas con la gestión del patrimonio.

Servicios de gestión patrimonial

Para aquellos que no entienden bien, el concepto detrás de los servicios de administración de patrimonio está disponible en varias vías para ayudar a determinar cómo manejar las finanzas. La gestión del patrimonio significa más que apegarse a un presupuesto; también significa planificar para el futuro, y varias instituciones pueden ayudar a enseñar a las personas cómo administrar su dinero, así como a proporcionar servicios completos de gestión de patrimonio.

Empresas de gestión patrimonial

¿Has considerado una empresa de gestión de patrimonio? Has hablado con banqueros privados y no te gustan las opciones que ofrecen para la gestión de patrimonios. No eres un fanático de las computadoras, por lo que no quieres invertir en software de gestión de patrimonio. Sin embargo, necesitas una solución personalizada para que tus activos se desarrollen a un ritmo mayor, y no tienes idea de dónde invertir. Las empresas de gestión patrimonial se crean sobre la base de ayudarte a seguir el camino correcto. Con un asesor personal, podrás configurar tus opciones de inversión para lograr tus objetivos específicos con la cantidad de información que consideres necesaria.

Software de gestión patrimonial

También puedes considerar los beneficios del software de gestión de patrimonio. Muchas personas tienen dificultades para administrar sus finanzas lo suficiente como para planificar de cheque en cheque, mucho menos para tener una meta para el futuro. Cuando se trata de la gestión del patrimonio, la mayoría de las personas están completamente nerviosas por la idea de tener un presupuesto que considere no solo los comestibles para comprar mañana, sino también los que necesitará comprar después de la jubilación en 40 años. El software de gestión de patrimonio es una herramienta útil para crear tus planes financieros para que puedas sentirte cómodo con tu estilo de vida actual, tener la seguridad de que tendrás los activos que necesitas en el futuro y puedas cumplir algunos de tus sueños mientras tanto.

CREACION DE RIQUEZA

Preguntándose por qué no se está haciendo rico rápidamente

Tienes que tener en claro que no hay atajos para la riqueza instantánea. Si bien se han producido algunos incidentes de alto perfil de riqueza extrema casi de la noche a la mañana, como en el caso de Google y algunos otros éxitos "instantáneos", incluso en estos casos ha habido un gran riesgo y un gran capital gastado para crear riqueza. De hecho, los factores más importantes que conducen al éxito en los negocios son la disposición a asumir riesgos, la disposición a gastar capital, la capacidad de concentrarse en una idea y llevarla a buen término y algo de buena suerte a la antigua. La mayoría de las personas que han acumulado riqueza, lo han hecho con el tiempo. Además, se acercan a invertir con un plan disciplinado y la búsqueda incesante de su sueño.

Muchas personas desean ser dueños de su propio negocio y ser emprendedores, pero no tienen la orientación adecuada o una idea que los conduzca a un negocio de gran éxito, o uno que cambie totalmente la dinámica de un modelo de negocio. Afortunadamente, esto no es necesario para tener éxito como emprendedor. Si bien sería bueno tener una de estas ideas de gran éxito, hay muchas otras formas de convertirse en el dueño de su propio negocio. Comprar una empresa existente es una de esas formas de unirse a las filas del mundo empresarial. Hay negocios y franquicias individuales que se pueden comprar directamente o financiar por diversos medios. Esto suele ser un esfuerzo costoso, y generalmente requiere dejar tu trabajo a tiempo completo para administrar la industria. Esto también implica un cierto grado de riesgo, pero si haces su tarea y dedicas el tiempo necesario para administrar el apalancamiento del precio de compra, más las operaciones diarias, puede ser una excelente manera de generar riqueza a largo plazo.

Una vez más, no hay viaje gratis, porque nadie te proporcionará todas las herramientas para ejecutar un negocio rentable, sin algún costo. A menos que estés estrictamente interesado en realizar una tarea específica en casa por una tarifa, la mayoría de los modelos de negocios en casa o en línea requieren que se gaste dinero para alojar un sitio, unirse a afiliados y marketing. Estas son expectativas razonables cuando utilizas una franquicia existente o un programa de afiliados. Desarrollar múltiples flujos de ingresos es muy deseable y se puede lograr desarrollando un negocio en casa junto con tu trabajo a tiempo completo. Si bien tu objetivo puede ser dejar tu empleo a tiempo completo o aumentar tu jubilación, desarrollar un negocio en línea o en el hogar puede ser una forma gratificante de ser un emprendedor.

En resumen, construir riqueza real desarrolla flujos de ingresos e invertir sistemáticamente en activos diversificados conducirá a una mayor equidad y seguridad financiera. Un día verás tu cartera de inversiones y te darás cuenta de que has acumulado riqueza más rápido de lo que pensabas.

MUCHOS EXITOS EN TU CAMINO HACIA LA LIBERTAD FINANCIERA!!!

Visita nuestra página de autores en Amazon! ¡Y consigue más MENTES LIBRES!

http://amazon.com/author/menteslibres

Si lo deseas, puedes dejar tu comentario sobre este libro haciendo clic en el siguiente enlace para que podamos seguir creciendo! ¡Muchas gracias por tu compra!

https://www.amazon.com/dp/B081JLBPZS

www.ingramcontent.com/pod-product-compliance
Lightning Source LLC
Chambersburg PA
CBHW070645220526
45466CB00001B/299